ESTE LIBRO CANDLEWICK PERTENECE A:

_____

_____

_____

Sobre las tortugas

Las tortugas marinas están relacionadas con las tortugas de tierra y las tortugas de agua dulce. Todas son reptiles.

Las tortugas marinas son excelentes nómadas, que viajan cientos de millas cada año, a menudo muy lejos de la tierra. Esto hace que sea difícil estudiarlas.

Por eso los científicos apenas están empezando a descubrir sus vidas misteriosas.

Hay siete especies de tortugas marinas. Este libro trata de la tortuga cabezona que habita en todos los mares del mundo.

Para Joseph y Gabriel,
Zoe y Finnian
N. D.

Para Auntie Sam, la tata de nuestra tortuga
J. C.

Con nuestro agradecimiento a Daniel R. Evans, Sea Turtle Conservancy
www.conserveturtles.org

First edition in Spanish 2024

Library of Congress Catalog Card Number pending
ISBN 978-1-5362-3537-1 (English paperback)
ISBN 978-1-5362-3475-6 (Spanish paperback)

24 25 26 27 28 29 CCP 10 9 8 7 6 5 4 3 2 1

Printed in Shenzhen, Guangdong, China

This book was typeset in Golden Type.
The illustrations were done in acrylic.

Candlewick Press
99 Dover Street
Somerville, Massachusetts 02144

www.candlewick.com

Una
TORTUGUITA

Nicola Davies

ilustraciones de
Jane Chapman

traducción de
Georgina Lázaro

CANDLEWICK PRESS

Lejos, lejos mar afuera,
la tierra solo es un recuerdo y
el cielo despejado toca el agua.

Justo bajo la superficie hay un enredo
de algas y madera de deriva al que
pequeñísimas criaturas se agarran.
Esta es la guardería de una tortuga de mar.

Si vas en un bote tal vez
no distingas a la tortuga.
No es más grande que la tapa de una botella
y está oculta entre las verdes sombras.

Es un bebé, así que su caparazón es blando como
cuero gastado. Tan solo el mordisco de un pececito
podría desgarrarlo. Pero la tortuga está a salvo
en su mundo de algas y muerde con su pico
cangrejos y camarones muy pequeños.

Las tortugas tienen un caparazón que cubre su espalda, y un plastrón o peto que cubre su abdomen. Estas cubiertas protectoras están formadas por placas óseas que se hacen más grandes y más duras según la tortuga crece.

La tortuga nada por
todas partes, agitando sus largas aletas delanteras
como si fueran alas. Vuela bajo el agua.

Asoma su pequeñísimo orificio nasal
a través de la superficie plateada para
coger un soplo de aire, ¡tan rápido,
que si parpadeas te lo pierdes!

Los peces respiran bajo el agua, pero las tortugas son reptiles
y necesitan subir a la superficie para coger aire.
Lo hacen cada cuatro o cinco minutos cuando están activas.
Mientras duermen pueden quedarse sumergidas por horas.

Entonces desaparece,
zambulléndose hacia
su vida secreta otra vez.

11

Por tres o cuatro años,
tal vez más, la tortuga
resiste tormentas

y flota a través de
aguas serenas y tibias.

Poco a poco su guardería va quedándole pequeña.

Nadie la ve irse,
pero cuando la buscas,
ha desaparecido.

Uno o dos años después aparece cerca de la costa.
Ahora, más grande que un plato de cenar,
ya no es la merienda de un pez.
Su caparazón es duro como una armadura.
Su cabeza es fuerte como un casco.
Se ha desarrollado hasta hacerle honor
a su nombre: Cabezona.

Ha venido a comer cangrejos.
Millones de ellos han subido desde las aguas
profundas para reproducirse en los arrecifes.
Sus carapachos se rompen como si fueran huevos
de gallina en las fuertes quijadas de Cabezona.
Pero en una semana se acabará la fiesta y
Cabezona desaparecerá otra vez.

Cabezona va de un lado a otro
en busca de alimento.

En verano, a las frescas selvas de algas
marinas donde encuentra jugosas almejas
y bancos de camarones.

Y en invierno, a las lagunas turquesas
y tibias como un baño de tina, donde
puede comer con placer entre los corales.

Cabezona puede viajar cientos de millas,
pero no deja rastro ni pista que
puedas seguir. Solo la buena suerte
te permitirá verla por un segundo.

Es posible que durante treinta años
no te encuentres con ella.
Entonces, una noche de verano,
llega a la playa donde nació.
Ha encontrado su camino hasta aquí, percibiendo
el Norte y el Sur como la aguja de un compás,
sintiendo las corrientes y la calidez de las olas.
Recuerda el sabor del agua y el sonido
del oleaje de este lugar.

Las tortugas machos esperan retiradas de las playas de anidar
y se aparean con las tortugas hembras antes de que
estas vengan a la orilla a poner sus huevos.

Cabezona ya ha llegado a sus años errantes.
Ahora es tan grande como un barril.
Flotando en el agua parece que no pesa nada,
pero en tierra es más pesada que un hombre.
Por eso cada paso de sus aletas es un gran esfuerzo
y de sus ojos salen a raudales lágrimas
saladas que los protegen de la arena.

Venir a la orilla es muy arriesgado para las tortugas marinas; pueden recalentarse y morir. Por eso solo anidan durante la noche o en climas más fríos. Luego regresan al mar lo más pronto posible.

Cabezona hace su nido
en donde el mar no
lo pueda alcanzar.

Sacando la arena
cuidadosamente con
sus aletas traseras...

hace un agujero empinado y profundo.

Adentro pone sus huevos,
como cien bolas blandas de pimpón.

Luego los cubre con arena para ocultar el nido
de las bocas hambrientas de los depredadores.

Entonces Cabezona desaparece otra vez,
de regreso a su vida secreta.

Atrás quedan sus huevos, enterrados en la arena,
bien profundo y a salvo. Las tortugas bebés
crecen dentro de ellos.

Las tortugas hembras se quedan cerca de la playa donde anidaron por varios meses. Durante ese tiempo usualmente hacen por lo menos cuatro nidos y a veces hasta diez.

Y antes de que termine el verano se escapan de los cascarones.

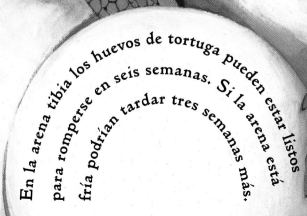

En la arena tibia los huevos de tortuga pueden estar listos para romperse en seis semanas. Si la arena está fría podrían tardar tres semanas más.

En la playa, sobre ellas, cientos de ojos
las observan en busca de alimento.
Por eso las crías usualmente esperan
hasta que llegue la noche.

El horizonte, donde el mar se encuentra con el cielo, le indica a las tortugas bebés hacia donde ir para llegar al agua. Pero las luces de la calle o de los edificios cerca de la playa pueden confundirlas y hacer que se vayan hacia el lado equivocado.

Entonces brotan de la arena y escapan hacia el mar.

En la oscuridad, a las garras, a los picos
y a las pinzas
se les escapa solo una tortuguita.
Algún día recordará esta playa
y volverá.

Pero ahora se zambulle bajo las olas y nada.

¡Nada y nada!

Afuera, hacia los brazos del océano.

Lejos, lejos mar afuera, la tierra se convierte

en un recuerdo esperando despertar

en la cabeza de la tortuguita.

ÍNDICE

Busca las páginas para
que descubras estos
detalles sobre las tortugas.
No olvides observar los
dos tipos de palabras:

Este tipo

y este tipo.

A NICOLA DAVIES le han encantado las tortugas desde que vio una por primera vez en medio del Océano Índico. Pero la gente se está comiendo sus huevos, está construyendo en sus playas y está contaminando sus mares. Ella espera que este libro contribuya a demostrarles a todos que las tortugas marinas son valiosas y merecen más cuidado. Nicola Davies es también la autora de *Big Blue Whale*, *Bat Loves the Night* y *Surprising Sharks*.

A JANE CHAPMAN también le encantan las tortugas y había querido pintarlas desde hace años. Entre sus otros libros para niños se incluyen *One Duck Stuck* de Phyllis Root y *The Emperor's Egg* de Martin Jenkins, seleccionado como un NSTA–CBC Outstanding Science Trade Book for Children.